幼兒**品德發展**系列

照顧動物

麗絲·連濃 著
米高·巴克斯頓 繪

新雅文化事業有限公司
www.sunya.com.hk

幼兒品德發展系列
照顧動物

作　　者：麗絲·連濃（Liz Lennon）
插　　畫：米高·巴克斯頓（Michael Buxton）
翻　　譯：何思維
責任編輯：劉紀均
美術設計：劉麗萍
出　　版：新雅文化事業有限公司
　　　　　香港英皇道499號北角工業大廈18樓
　　　　　電話：(852) 2138 7998
　　　　　傳真：(852) 2597 4003
　　　　　網址：http://www.sunya.com.hk
　　　　　電郵：marketing@sunya.com.hk
發　　行：香港聯合書刊物流有限公司
　　　　　香港荃灣德士古道220-248號荃灣工業中心16樓
　　　　　電話：(852) 2150 2100
　　　　　傳真：(852) 2407 3062
　　　　　電郵：info@suplogistics.com.hk
印　　刷：中華商務彩色印刷有限公司
　　　　　香港新界大埔汀麗路36號
版　　次：二○二一年四月初版

ISBN: 978-962-08-7743-8
Original Title: *I Care About Animals*
First published in Great Britain in 2020 by The Watts Publishing Group
Text and illustrations © The Watts Publishing Group, 2020
All rights reserved.
Franklin Watts, an imprint of Hachette Children's Group
Part of The Watts Publishing Group
Carmelite House
50 Victoria Embankment
London EC4Y 0DZ
An Hachette UK Company
www.hachette.co.uk
www.franklinwatts.co.uk

Traditional Chinese Edition © 2021 by Sun Ya Publications (HK) Ltd.
18/F, North Point Industrial Building, 499 King's Road, Hong Kong
Published in Hong Kong, China
Printed in China

目錄

大大小小的動物

地球上有各種各樣的動物。最大的動物是藍鯨，牠的身體大約是兩輛巴士的長度！細小的動物無處不在，有些甚至小得幾乎看不見呢！

所有動物不論大小都同樣重要。牠們會把地球變得美麗及有趣，將地球變成我們理想的家園。此外，許多動物對於保護地球也很重要。你知道嗎？原來蜜蜂和其他會飛的昆蟲能幫助植物製造種子，令新的植物長出來。

5

友善相待

動物是活生生的，牠們跟你一樣，也喜歡受到別人友善對待。你會在不同的地方遇見動物，像是在花園、公園、農場或動物園。無論你身處何地，都要記得好好對待動物。

動物配對

你能夠把以下的動物與牠們有機會出現的地方配對起來嗎？

蚯蚓 •　　• 花叢

牛 •　　• 泥土

蟹 •　　• 農場

蝴蝶 •　　• 沙灘

請善待動物

照顧寵物

　　寵物需要不同的東西。如果你的家庭養了寵物，你和家人便要知道牠有什麼需要。你的寵物需要合適的糧食和睡眠地方。有些寵物需要做點運動，有些寵物需要與其他動物保持安全距離。

安置寵物

兔子不是住在魚缸的！
你能夠替以下這些寵物
找回合適的家嗎？

如果你遇見別人的寵物，請記
得在觸摸牠前，先取得牠的主人的
同意。請對方告訴你觸摸動物的方
法和注意事項。

野生動物

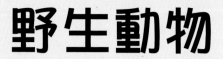

　　野生動物的世界多姿多采，還有很多有趣的知識。當你對大自然和動物感到好奇時，趣味也會隨之而來。你能認出這些不同的野生動物嗎？試說說維持這些動物生命所需的東西。牠們有同樣需要的東西嗎？

畫出你最喜歡的動物

學習繪畫自己喜愛的動物是一件有趣的事情！首先，你要仔細看看相關動物的照片，留意牠的眼睛、耳朵和尾巴的形狀。然後，要數一數牠有多少條腿。還有，牠的皮膚或毛皮上有什麼圖案呢？

在我們身邊的小動物

　　也許你會認為有趣的動物都住在雨林或海洋裏，但是其實在你的周圍也有很多有趣的動物。不妨在石頭或樹葉底下尋找這些小動物，你也可以在炎熱的日子注意一下忙碌的螞蟻，還可以看看蜜蜂在花叢中穿梭，你猜牠們正在忙什麼呢？

認識小動物

如果你在外出時發現了一隻小動物，不要隨便觸摸牠，請先問准大人！有些小動物可能會因為你觸碰牠而受傷，也有些可能會傷害你呢！

歡迎野生動物

如果你家中擁有私人花園，就請利用它來幫助野生動物吧。請大人在花園劃出一小部分，讓這個部分自由生長。然後，你要在圍欄開個小洞，因為像刺蝟這種動物喜歡往來不同的花園，小洞可以讓刺蝟自由進出。

你的昆蟲酒店

你聽過昆蟲酒店嗎？昆蟲最喜歡在有很多小洞且狹小的地方建設家園。你可以跟大人一起建造昆蟲酒店。這家酒店可以是小小的，你只須在花盆裏放滿竹枝就可以。如果你有足夠的空間和大量材料，你就可以建造一家大酒店。

外出走走

就算沒有私人花園，你還是可以看到野生動物。不妨問問大人，可否帶你去一趟公園、樹林或池塘，看看會遇上哪些動物。

池塘尋寶

池塘尋寶真的很好玩！拿出你的長柄撈網和一個大盆吧！首先，把池塘的水放入大盆，然後拿着撈網在水裏搖一搖，把撈到的東西倒進盆裏。仔細觀察一下你撈到什麼吧！當你觀察完後，就要小心地把盆裏的東西倒回池塘裏。

記着在水邊時要小心，沒有大人陪伴的話，就不要靠近水邊了。

請看看右邊的地圖，你認為以下動物會在什麼地方出現呢？

兔子

松鼠

蜻蜓

青蛙

魚

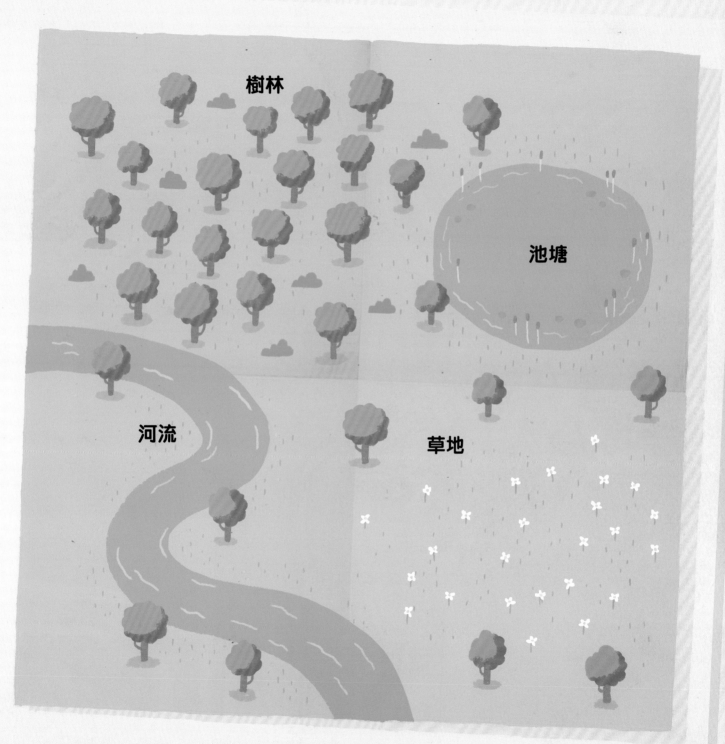

尊重動物

　　野生動物喜歡留在牠們原本居住的地方。牠們喜歡那個地方，原因是那裏既有食物，又有藏身之所。切勿用人類的食物來餵飼野生動物，以免對牠們造成傷害。

與其帶野生動物回家，不如為牠們拍些照片吧。你也可以帶一本寫生簿，畫些圖畫，又或是去看看別人的寵物！

19

「腳」下留情

　　當你探索大自然的時候，也要小心你的腳下，說不定有些細小的動物正在你的腳下走過呢！在樹林裏，一定要沿着小路走。

　　如果你想看到一些會躲避人類的動物，就要試着靜靜的走，盡量降低走路時發出的聲音。這樣你就有較大機會聽到動物發出的聲音，牠們也不會被你嚇跑。

受了傷的動物

如果你遇見受了傷的動物，請立即告訴大人，不要嘗試抱起野生動物。要是那隻動物需要幫助，大人就會聯絡獸醫。

清理垃圾

　　亂扔垃圾會危害野生動物。動物會吃食物殘渣，這對牠們有害無益，而且垃圾也有機會令動物受傷，因此，不要亂拋垃圾，要把垃圾放進垃圾桶或帶回家。在大人陪伴下，你還可以幫忙撿走垃圾，讓動物有個安全的居所。

動物的棲息地

動物棲息在世界各地不同的地方。廣闊的藍色海洋、冷熱交替的沙漠、林地和雨林都住着各種動物。

這些是什麼動物？
牠們住在哪裏？

當棲息地改變或變小時，住在那裏
的動物便會失去家園，令這些動物的數
量越來越少，甚至是滅絕。

瀕臨滅絕的動物

令人難過的是，由於棲息地的喪失、偷獵和污染問題，很多動物都面臨滅絕的危機，例如豹、老虎、大猩猩等大型動物，還有更多細小的動物也瀕臨滅絕，包括成千上萬的昆蟲。

支持慈善組織

有很多慈善組織也致力保護動物及牠們的家園。如果你想到任何支持慈善組織的方法，不妨告訴大人。

海豚

老虎

大象

鵰

熊貓

北極熊

犀牛

大猩猩

你知道這些動物都
瀕臨滅絕嗎？

在家也能幫忙

我們可以思考在日常生活裏，能夠做什麼來保護環境，盡自己所能去幫助動物改善牠們的生活環境。

你可以做的事有……

回收垃圾，循環再造

種植樹木

拒絕使用膠袋

關掉不必要的電源

可以的話就多走路

29

請好好記住

動物不論大小，
都同樣重要。

善待動物。

不要把野生動物帶回自己
的家，讓牠們留在原地。

公園、樹林和池塘都是
觀看動物的好地方。

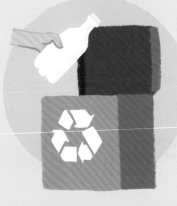

探索大自然時，
要小心腳下。

減少製造廢物和把垃圾
循環再造，都能幫助瀕
臨滅絕的動物。

亂扔垃圾會危害野生動物。

中英常用詞語

慈善組織 charity	為有需要的人服務的團體，用舉辦活動和籌款方式幫助人
環境 environment	大自然
棲息地 habitat	動物喜歡居住的地方
偷獵 poaching	捕殺動物，以求得到牠們的長牙或皮毛
污染 pollution	使大自然變得骯髒或損害大自然的東西
循環再造 recycling	把我們用過的東西變成新的物品
藏身之所 shelter	能保護人或動物免受天氣影響和威脅的地方

中英對照索引